PH. TAMIZEY DE LARROQUE

# LIVRE
## DE RAISON DE LA FAMILLE
DE
# Chevalier
# d'Escage
### EN AGENAIS
(1746 — 1792)

Extrait de l'Annuaire du Conseil Héraldique de France 1895

SAINT-AMAND (Cher)
IMPRIMERIE DESTENAY
BUSSIÈRE FRÈRES
70, Rue Lafayette, 70

1895

A Monsieur Léopold Delisle
affectueux hommage
Ph. Tamizey de Larroque

LIVRE
DE RAISON DE LA FAMILLE

DE

CHEVALIER D'ESCAGE

EN AGENAIS

(1746-1792)

PH. TAMIZEY DE LARROQUE

# LIVRE
## DE RAISON DE LA FAMILLE
DE

# Chevalier
# d'Escage
### EN AGENAIS
(1746 — 1792)

Extrait de l'*Annuaire du Conseil Héraldique de France 1895*

SAINT-AMAND (Cher)
IMPRIMERIE DESTENAY
BUSSIÈRE FRÈRES
70, Rue Lafayette, 70

1895

# LIVRE DE RAISON

## DE LA FAMILLE

# DE CHEVALIER D'ESCAGE

## EN AGENAIS

**(1746-1792).**

---

La famille de Chevalier, aujourd'hui éteinte, a possédé pendant une très longue série d'années la terre d'Escage, située dans la paroisse de Saint-Pierre de Nogaret, paroisse qui faisait partie de la juridiction de Gontaud. Cette famille, malgré son incontestable noblesse, malgré ses belles alliances, parmi lesquelles il suffira de citer l'alliance avec les Montalembert et l'alliance avec les Ségur, a été négligée dans tous les recueils généalogiques anciens et modernes. Quoique plusieurs de ses membres, jusqu'à la fin du xviie siècle, aient appartenu à la religion calviniste, il n'en est fait aucune mention dans les deux éditions de la *France protestante*. La publication du livre de raison (malheureusement bien court) rédigé par MM. de Chevalier permettra de combler toutes ces lacunes. C'est avec une double joie que je mets en lumière les humbles pages écrites par les châtelains d'Escage, car à l'attrait général qu'ont pour moi les moindres feuillets des vieux registres domestiques, se joint ici l'attrait particulier des souvenirs laissés par des personnes qui eurent avec ma famille non seulement des relations d'amitié, mais des relations de parenté [1].

A la suite du document principal j'ai groupé quelques pièces qui le complètent à divers égards [2]. Je remplis un bien doux devoir en remerciant cordialement de leurs obligeantes communications mon voisin et ami M. Maurice Campagne, propriétaire du château d'Escage et des papiers de famille des Chevalier, ses aïeux, mon confrère et ami M. Paul Huet, que nous avons surnommé la Providence des chercheurs du Sud-Ouest, enfin M. Edouard Roumat, brave et humble *travailleur* qui emploie noblement à l'étude des vieux papiers de la commune de Saint-Pierre de Nogaret, les rares loisirs que lui laissent ses exigeantes occupations.

*Livre de raison de Thimothée de Chevalier.*

Le 8 février 1746, j'ai épousé Marie de Bacalan [3], ma cousine germaine [4]. Dieu nous face la grâce de vivre et de mourir en sa crainte et en son amour!

Le 20 janvier 1747, le Seigneur nous a donné une fille nommée Marie Hélène [ayant] pour parrain M. Bacalan de Lorée mon beau pere et pour marraine Mme de Lalane ma belle sœur, Mlle de Feytou [5] l'ayant tenue sur les fonds baptismaux et M. de Solignac [6].

Le 13 mars 1749 Dieu nous a donné un fils nommé Timothée, (il a eu) pour parrain Timothée de Chevalier mon frère et pour marraine Judic Eléonore de Segur ma belle-mere. Le Seigneur par sa grâce veuille le benir !

Le 3 aoust 1750, le Seigneur nous a donné une fille nommée Marguerite, (elle a eu) pour parrain M. de Bacalan mon beau frere [7], pour marraine Mme de Villepreux [8]. Dieu veuille par sa grâce luy donner son amour et sa crainte !

Le 23 fevrier 1752, Dieu nous a donné une fille nommée Marguerite-Marie, (elle a eu) pour parrain M. de Bacalan Ponponne, pour marraine Mlle de Bacalan Lorée ma belle sœur. Le Seigneur veuille par sa grâce la benir !

*Livre de raison de Thimothée Chevalier, fils du précédent.*

Moy Timothée de Chevalier d'Escage, fils du precedent, ay continué le livre de raison dans ce qui suit :

Le 18 novembre 1764, Thimothée de Chevalier mon pere, fils à feu Samuel de Chevalier, mourut âgé de soixante-sept ans, deux mois et quelques jours d'une goutte remontée, qui le faisoit souffrir depuis bien du temps. Dieu luy fit la grâce de le tirer de l'erreur où il étoit, bien des années avant sa mort, en luy faisant connaître la vraye religion catholique, apostolique et romaine dans laquelle il a vécu jusqu'à ses derniers jours de la maniere la plus pieuse et la plus exemplaire [9]. Dieu veuille que je marche sur ses traces et que nous nous trouvions tous les deux un jour dans la société des bienheureux ! Je ne peux (pour : je ne pus) recueillir ses derniers soupirs étant pour lors à Toulouse où je faisois mes etudes.

Le 7 juin 1766, Marie Helene de Chevalier ma sœur aînée se maria avec M. Dreme garde du corps du Roy dans la compagnie de Beauveau [10].

Le 6 juillet 1772, il fut reçu chevalier de l'ordre royal et militaire de Saint-Louis, par M. de Reyne, seigneur de Cocumont, ancien lieutenant colonel au regiment de Bearn. Les ceremonies se firent à Escage où il y eut nombreuse compagnie.

Le 16 juin 1772, Marguerite de Chevalier ma seconde sœur prit pour epoux M. de Montalembert, seigneur de Catus, ancien capitaine d'artillerie et chevalier de l'ordre royal et militaire de Saint-Louis [11].

Le 15 septembre 1782, Marie de Chevalier d'Escage ma sœur cadette a épousé M. Dordé de Pourouton de Saint-Maurin [12], à qui j'ay compté le lendemain des noces la somme de deux mille livres à compte de la légitime de sa femme, comme je m'étois engagé dans son contrat ; il m'en a donné un reçu.

Au mois de juin de l'année 1767, je fus reçu dans la compagnie des chevaux legers de la garde ordinaire du roy. Je ne fis pas mes exercices cette année, dont je me repentis, parce que les onze cents livres que je depensais étant à Troyes en Champagne avec M. Dreme mon beau frere, m'auraient servi pour faire mes exercices, de façon donc qu'il m'en coûta pour ce voyage en tout onze cents livres.

A la fin de fevrier de l'année 1768 je partis pour aller faire six mois d'exercices que j'étais obligé de faire pour mon entrée dans les chevaux légers; il m'en couta à passer partout y compris le voyage deux mille sept cent soixante livres.

Le 18 octobre 1769 j'ay epousé Marie Anne de Chevalier de Lalanne ma cousine germaine. Dieu nous fasse la grâce de vivre et mourir en sa crainte et son amour !

A la fin de mars de l'année 1770 je partis pour Versailles pour aller servir en qualité de surnumeraire sans y être obligé ; j'y restay trois mois, il m'en couta en tout onze cents cinquante livres.

Le 8 août 1770 le Seigneur nous a donné un fils nommé Thimothée Armand Gaspard de Chevalier ; il eut pour parrain Thimothée de Chevalier de Lalanne, mon beau-pere, et pour marraine Marie de Bacalan, ma mere. Marie Helene de Chevalier et Monsieur de Malardeau de S$^t$-Leger, chevau leger de la garde ordinaire du roy [13], l'ont tenu sur les fonts baptismaux. Le Seigneur veuille par sa grâce le bénir !

Il a voulu nous l'enlever âgé de vingt mois.

Le 26 août 1771 Dieu nous a donné une fille nommée Marguerite Aglaé de Chevalier. Elle a eu pour parrain Monsieur de Bacalan de Lorée mon oncle, et pour marraine Madame de Lalanne, ma belle-mere. Monsieur Duvigneau de Beaulieu, ancien officier dans le regiment d'Enghien, et Marguerite deChevalier, ma seconde sœur, l'ont tenue sur les fonts baptismaux. Le Seigneur veuille bien luy donner sa sainte benediction !

Il a voulu nous en priver à l'âge de 21 mois ou environ.

Le 23 septembre 1772 le Seigneur nous a donné un fils nommé Jean de Chevalier. Il a eu pour parrain Monsieur de Dutil écuyer seigneur de Boudon oncle breton à mon epouse du côté de sa mere [14], et pour marraine Marie Helene de Chevalier, ma sœur ainée. Jean Flouret, notre domestique, et Marie Gaillardet, notre femme de chambre, l'ont tenu sur les fonts baptismaux. Je prie Dieu tout puissant qu'il répande sur luy ses grâces et qu'il nous le conserve pour l'elever en son amour et en sa crainte [15] !

Le 21 avril 1775 Dieu nous a donné un fils nommé Louis Arnaud Bernard de Chevalier, qui fut baptisé le 22 du meme mois, et eut pour parrain monsieur de Dreme, mon beau-frere, porte etendard des gardes du corps dans la compagnie de Beauveau, et chevalier de l'ordre royal et militaire de S$^t$-Louis, pour marraine Madame de Montalembert, ma sœur. Comme ils se trouverent absents, mon neveu Dreme l'ainé et ma sœur d'Escage la plus jeune l'ont tenu sur les fonts baptismaux. Je prie le Seigneur qu'il veuille nous le conserver afin de l'elever en son amour et en sa crainte. Qu'il lui donne sa sainte bénédiction et qu'il fasse notre joye !

Le 10 may 1777 Dieu a voulu nous en priver. Nous l'avons regretté infiniment par le plaisir qu'il nous faisait. Dieu nous a affligé en nous privant de cet enfant. Il faut se soumettre à sa volonté. Prions-le qu'il veuille nous conserver le seul qui nous reste à présent. Notre pauvre enfant mourut d'une attaque de vers dont il souffrit horriblement depuis le matin jusqu'au soir. Tous les remedes qu'on employa pour le sauver devinrent inutiles.

Le 21 novembre 1779 Timothée de Chevalier de Lalane mon oncle et beau-pere est mort après vingt-cinq jours de souffrance d'une retention d'urine qui venait d'un échauffement occasionnné par un trop long voyage et trop fort pour son âge. Il était âgé de soixante seize ans et demy moins cinq jours. Il mourut comme il avait vécu, c'est-à-dire en vray chrétien ; il était un modele de piété, il montra toujours du zele pour la vraye religion qu'il avait embrassée quelque temps avant de se marier. Dieu me fasse la grâce de me trouver un jour avec luy dans son saint paradis !

Le 30 août 1786 dame Marguerite Dordé ma belle-mere veuve à Thimothée de Chevalier de Lalanne est morte, après avoir été malade un mois ou environ d'une lyenterie et d'un ulcere qu'elle avait à une jambe qui se ferma, âgée environ de 70 ans. Elle était comme son mary un modele de piété qui ne s'est pas dementie jusqu'à sa mort.

Le 2 fevrier 1787 dame Marie Anne de Chevalier mou épouse tomba malade d'une revolution que luy causa la mort de sa mère à qui elle était extrêmement attachée. Une hydropisie de poitrine luy survint étant attaquée d'ailleurs par le scorbut. Elle mourut etique après avoir languy pendant trois mois et grandement souffert. Depuis ses dernieres couches, il y avait 12 ans, elle ne s'était jamais bien portée. Elle est certainement au Ciel ayant toujours donné pendant toute sa vie des preuves de la plus grande piété ainsi qu'à l'heure de sa mort; je luy ay donné des larmes qu'elle meritait bien. Dieu veuille que je me trouve un jour avec elle en paradis et me fasse avoir sa pieté ! Elle était agée de 39 ans et demy.

Le 8 mars 1787, Marie de Bacalan ma mere mourut d'une attaque d'apoplexie ; elle se trouva mal à neuf heures du matin, perdit la parole. et deceda à quatre heures du soir du même jour. Elle en avait déja eu depuis quelque temps plusieurs attaques qui avaient porté beaucoup sur sa santé. Dieu nous priva d'une bonne mere qui meritait bien d'être regrettée de ses enfants. Il a été malheureux pour nous de la voir mourir dans sa religion de laquelle il n'a jamais été possible de la détacher. Elle a suivi de bien près ma pauvre femme. Hélas ! Dieu a voulu bien m'affliger cette année puisque dans le cours de sept mois j'ay perdu ma belle-mere, ma femme et ma mere. La volonté de Dieu a été ainsi pour me punir de mes péchés dont je luy demande bien pardon. Ma mere est morte agée environ de soixante dix ou onze ans.

Le 1ᵉʳ août 1787 j'ay epousé dans la paroisse de Margaux en Medoc demoiselle Marie Anne des Masures de Rauzan, fille de Messire Philippe Simon des Masures de Rauzan, conseiller honoraire au parlement de Bordeaux, et de dame Marie Anne de Briet. Dieu nous fasse la grâce de vivre longtemps ensemble et de mourir en sa crainte et en son amour !

Le 18 juillet 1787 je passay contrat avec ladite demoiselle à Bordeaux sur les fossés des Tanneurs dans la paroisse de Sᵗᵉ-Eulalie retenu par Mᵉ Baron notaire rue Arnaudmiqueu. Son pere et sa mere luy a (*sic*) constitué vingt quatre mille livres sans renoncer, de laquelle somme j'ai reçu au passement dudit contrat celle de dix mille livres, et le restant de la somme doit m'etre compté dans le courant de quatre ans avec les intérêts.

Le 8 may 1788 à 4 heures du soir Dieu nous a donné un garçon nommé Laurent Philippe Simon de Chevalier. Il a eu pour parrain Monsieur de Rauzan, mon beau-pere, et pour marraine Madame Dreme ma sœur. M. de Ricaud l'a tenu à la place de mon beau-père qui était absent. Dieu veuille nous conserver ce cher enfant et le fasse prosperer pour sa gloire et notre satisfaction !

Le 16 novembre 1788 Dieu a voulu nous priver de ce cher enfant. Nous l'avons regretté infiniment, surtout ma femme qui en a été inconsolable pendant long-temps.

Le [ ] juillet 1789 Dieu nous a donné une fille nommée Marie Anne de Chevalier [16]. Elle a eu pour parrain mon oncle de Bacalan de Lorée et pour marraine Madame de Rauzan ma belle-mere. La Jeunesse notre domestique et la petite Noble de St-Pierre l'ainée, l'ont tenue à leur place. Dieu veuille la conserver pour sa gloire et notre satisfaction !

Le 7 mars 1791 ma femme est accouchée d'une fille nommée Marguerite Célinie de Chevalier [17]. Elle a eu pour parrain M. de Rauzan mon beaufrere et pour marraine M<sup>me</sup> de Montalembert, ma sœur. Dieu veuille nous la conserver et la benir !

*Livre de raison de madame de Chevalier, née des Masures de Rauzan.*

Le 6 mai 1792 mon mari Thimotée Chevalier d'Escages est mort, [18] et m'a laissé grosse.

Le 20 octobre 1792 à Bordeaux rue de Lalande n° 8 je suis accouchée d'une fille nommée Louize Catherine Jacquette Clémentine Chevalier d'Escages. Elle est inscrite sur les registres de la maison commune de Bordeaux. Elle a eu pour parrain Louis Dreme, son cousin germain, et pour marraine Mad<sup>me</sup> Seigla, sa tante maternelle [19]. Dieu veuille en faire une bonne chrétienne [20].

# APPENDICE

## I

### GÉNÉALOGIE DE LA FAMILLE DE CHEVALIER [21]

I. *Raymond de Chevalier*, Ecuyer, épousa par contrat passé le 3 octobre 1553 devant la Terrenne, notaire royal, D^elle *Catherine Jaubert*; il est qualifié écuyer dans le contrat de mariage de Jean, son fils, du 22 décembre 1612

II. *Jean de Chevalier*, sieur Descage, épousa par contrat passé le 22 décembre 1612 devant Duburgua, notaire royal, *Marie La Bernardie* [22]; il est qualifié écuyer sieur Descages dans le contrat de mariage de Laurens, son fils, du 17 avril 1636.

III. Noble *Laurens de Chevalier*, écuyer, sieur de Lescage (*sic*) épousa par contrat passé le 17 avril 1636 devant Maysonade, notaire royal, D^elle *Anne de Bacalan*. Il fut maintenu dans sa noblesse par jugement rendu par M. Pellot, intendant en Guyenne, le 5 may 1668, ses titres remontés à l'an 1553. Il est qualifié noble et Ecuyer et dit mort ainsi que la dite dame Anne de Bacalan, sa femme, dans le contrat de mariage de Samuel, son fils, du 18 juin 1695.

IV. Noble *Samuel de Chevalier*, Ecuyer, seigneur de Lescaye (*sic*) épousa par contrat passé le 18 juin 1695 devant Devivens notaire à Bordeaux, D^elle *Marie de Bacalan*, fille de M^re Samuel de Bacalan, Écuyer, sieur de Lagrée ; il fut maintenu dans sa noblesse par jugement rendu par M. Bazin de Bezons, intendant en Guyenne, le 17 mars 1698[23]. M^re Samuel de Chevalier, Écuyer, seigneur d'Escage, était mort le 6 novembre 1744 que Marie de Bacalan, sa veuve, assista aux articles de mariage de Thimothée, leur fils.

V. M^re Thimothée de Chevalier, écuyer, seigneur d'Escage, épousa par articles passés sous seings privés dans la maison noble de Lorée, paroisse de Doulezon, juridiction de Pujol en Bazadois, le 6 novembre 1744 et reconnus le 4 août 1756 devant Royal, notaire royal de la ville de Gontaud en Agenois, D^elle *Marie de Bacalan*, l'aînée, fille de M^re Pierre de Bacalan, Écuyer, seigneur de Lorée, et de D^me Judith Eléonore de Ségur, en présence savoir, ledit seigneur futur époux, de la dite D^me sa mere, et ladite D^me future épouse desdits Sgr et D^me, ses père et mère, de M^re André Gaston de Bacalan, Écuyer, son frere, et de D^lles Marie et Marguerite de Bacalan, ses sœurs, etc. (Grosse en parchemin signée dudit notaire.) M^re Thimothée Chevalier d'Escage, écuyer, et D^me Marie de Bacalan, sa femme, sont nommés dans l'extrait baptistaire de Thimothée, leur fils, du 13 mars 1749. Thimothée de Chevalier, Ecuyer, seigneur d'Escage, fut maintenu dans sa noblesse par arrêt rendu en la cour des Aydes et Finances de Guyenne, le 27 juin 1758, sur le vu de deux ordonnances rendues l'une par M. Pellot, intendant en la généralité de Guyenne, le 5 may 1668, en faveur de Laurent, son ayeul, et l'autre par Mʳ de Bezons, intendant en la même généralité, en faveur de Samuel, son père, le 17 mars 1698 et de ses titres remontés à l'an 1553 (Expédition en parchemin signée Pancabe). D$^{me}$ Marie de Bacalan, veuve de feu M$^{re}$ Thimothée de Chevalier, Écuyer, seigneur d'Escage, assiste, le 12 mai 1769, aux articles de mariage de Thimothée, leur fils (grosse) [24].

VI. *Thimothée Chevalier d'Escage*, né le 13 mars 1749, fut baptisé le même jour dans l'église paroissiale de S$^{t}$-Pierre de Nogaret, au diocèse d'Agen (Extrait en papier délivré le 6 mars 1767 d'après les registres de ladite paroisse par le prestre vicaire d'icelle signé Doazan et légalisé.) — (Son certificat pour les chevaux-légers délivré le 28 janvier 1768). Messire Thimothée de Chevalier, écuyer, sieur d'Escage, chevau-léger de la garde ordinaire du Roy, habitant de la maison d'Escage, épouse le 17 mai 1769 par contrat passé devant Royal, notaire, en la paroisse de S$^{t}$-Pierre de Nogaret en Agenois, D$^{lle}$ *Marie Anne de Chevalier de Lalanne*, fille légitime de Messire Thimothée de Chevalier de Lalanne, seigneur de Terre rouge [25], et de D$^{me}$ Marguerite Dordé, ses père et mère, assisté ledit sieur de Chevalier de D$^{me}$ de Bacalan, sa mère, de nobles demoiselles Marguerite et Marie de Chevalier, ses sœurs, de Messire Jean Leblanc de Saliguac, écuyer, son cousin, et de noble Arnaud Bernard Drème, écuyer, garde du corps du Roy, et ladite D<sup>elle</sup> de Lalanne, de la dite D<sup>me</sup> sa mère représentée par Messire Jean du Til, Écuyer, seigneur de Boudon et autres lieux, habitant du château dudit Boudon, paroisse S<sup>t</sup>-André, juridiction de Montflanquin, son oncle breton, etc., (grosse dudit notaire). Messire Thimotée de Chevalier, écuyer, sieur d'Escage, chevau-léger de la garde du Roy, et D<sup>me</sup> Marie Anne de Chevalier de Lalanne, son épouse, sont nommés le 23 décembre 1772 (église). Messire Thimothée de Chevalier, Écuyer, sieur d'Escage, habitant de la paroisse S<sup>t</sup>-Pierre de Nogaret, achète, le 16 décembre 1776, par contrat passé devant Campmas, notaire royal, de M<sup>r</sup> Louis de la Salle de Lisle, seigneur de Pradines, représentant M<sup>r</sup> Louis Petit de la Nauze, banquier à Paris, une maison située à Tonneins, au quartier de Biscarrat (grosse dudit notaire).

VII. *Jean de Chevalier d'Escage*, né le 23 septembre 1772, et baptisé le 28 suivant dans l'église paroissiale de S<sup>t</sup>-Pierre de Nogaret, diocèse d'Agen (Extrait délivré par le curé de la dite paroisse le 27 novembre 1788, signé Servès et légalisé).

## II

ARRÊT DE LA COUR DES AIDES ET FINANCES DE GUYENNE AU SUJET DE LA NOBLESSE DE LA FAMILLE DE CHEVALIER.

(*Extrait des registres de la Cour, du 27 juin 1758. Copie aux archives de la Mairie de Gontaud.*)

Entre Timothée de Chevalier écuyer seigneur Descage (*sic*) demendeur l'entérinement des fins et conclusions de ses requêtes tendantes à ce qu'il plût à la Cour lui octroyer acte de ce que il rapporte les titres de sa noblesse énoncés en ladite requête ; en consequence ordonner qu'il continuera de jouir de la qualité de noble et d'écuyer ensemble de tous les privilèges attachés à la noblesse dans la paroisse de St Pierre de Nogaret, juridiction de Gontaud, senechaussée d'Agen où il habite.

Vu le sac et production dud. sr de Chevalier :

1 Contrat de mariage d'entre Raymond de Chevalier escuyer et demoiselle Catherine Jaubert du 3 octobre 1553 (et ce du vouloir et consentement de noble Bernard de Mellet, seigneur de Castelvieilh, de Guillaume Villeveilhe, parents et tuteurs de ladite Jaubert, Catherine Dubois, grand'mère de ladite Jaubert, au lieu et ville de Gontaud, diocèse et senechaussée d'Agenois, etc) ;

2 Contrat de mariage d'entre Jean de Che-

valier s^r Descage (*sic*), fils de feu Raymond de Chevalier, escuyer, et Marie Labernardie, du 22 décembre 1612 (fille du s^r Laurent Labernardie et de feu demoiselle Jeanne de Ladult, ladite Labernardie procedant de la licence et congé du s^r Laurent Labernardie son père, assisté de Pierre Labernardie, escuyer, son oncle. Joseph Labernardie, advocat en la cour, son frère, de Jean Dupleix, escuyer, son beau-frère, etc).

3 Contrat de mariage d'entre noble Laurent de Chevalier, escuyer, fils de noble Jean de Chevalier, escuyer [26], s^r Descage (*sic*), et Anne de Bacalan, demoiselle, du 17 avril (fille de noble André de Bacalan, escuyer, sieur de Labarthe, et de feu demoiselle Luce de Mellet).

4 Autre contrat de mariage d'entre noble Samuel de Chevalier, escuyer, seigneur Descage (*sic*), et demoiselle Marie de Bacalan, fille légitime de messire Samuel de Bacalan escuyer, seigneur de Lagrée, et de dame Marie de Lestonelle.

5 Autre contrat de mariage d'entre messire Timothée de Chevalier, écuyer, seigneur Descage (*sic*), et demoiselle Marie de Bacalan l'aînée, fille légitime de messire Pierre de Bacalan, écuyer, seigneur de Lorée, et de dame Judith Eléonore de Ségur [27], du 6 novembre 1744.

La Cour, faisant droit aux conclusions de la requête du 22 de ce mois, octroye acte audit Chevalier du raport (*sic*), de ses titres de noblesse énoncé dans ses requêtes, en conséquence ordonne qu'il continuera de jouir de la qualité de noble et d'écuyer, ensemble de tous les privilèges attachés à la noblesse dans la paroisse de saint Pierre de Nogaret.

A Bordeaux en la Cour des Aides et finances de Guienne le 27 juin 1758 [28].

## III

#### LISTE DE MESSIEURS LES CHEVAUX LEGERS

*Surnumeraires faisant leurs exercices avec moy depuis le mois de mars jusqu'au mois de septembre de l'année 1768, à Versailles.*

| | |
|---|---|
| De Vitrolles | De Brounne |
| De Lescoet | De Blemur |
| De Joursanvault | De Brouchy |
| D'Argenteuil | De Lignières |
| De Némond | De Stapleton |
| De Monecove | Du Tour |
| De Salive | Du Tasta |
| D'Auteroche | Des Minieres |
| D'Epanne | De Cuverville |
| De la Rochelle | Du Houy |
| De Beaunay | De Changy |
| D'Hervieux | De Pennart |
| De St-Genys | De Cougny |
| De Bergeron | De Certaine |
| De Camout | Du Houlley |
| De Chevreuse | De Sautereau |
| De Japonat | D'Astor |
| Des Groges | D'Irland |

De Bar
De Cadouche
D'Avenne
De Vrevins
De Laroque
De Fay
D'Ennet

De Mannourry
De Courtagnon
De Cuissard
De St-Manvieu
De Reugny
De Courcelles
D'Escage

## IV

LISTE DE MESSIEURS LES CHEVAUX LEGERS

*Faisant leurs exercices avec moy depuis le mois d'avril jusqu'au mois de juillet de l'année 1770 à Versailles.*

De Lescoet
De Brette
De Stapleton
De Camont
De Blemur
De Coetlosquet
De Grandcamp
D'Auberoche
De Matharel
Du Tour
De Bar
De Beaudiguan
De Forsay
De la Blandiniere
De la Bajonniere

De Brouchy
D'Hervieux
De Valton
De Pluvier
Le Chevalier de Pluvier
De Montjustin
De Luzerne
De Mousle
De la Massüe
De Mauny
De Courtagnon
De Seuret
De la Rocheaymon
De Vencher
D'Aux

De Messillac
De Ruble
De Changy
De Lescours
De Monfreville
De Lantage
De Chassey
De Lavergne

De l'Allemand
De Biguicourt
De la Guiscardie
D'Andigny
De Sampan
De Cougny
Des Minieres
De Massol

PH. TAMIZEY DE LARROQUE.

(1) Une fille du dernier des rédacteurs du livre de raison épousa noble Merac de Du Choissy, dont le grand-père avait été marié avec mon arrière grand'tante, fille d'une Du Pouy de Bonnegarde et petite-fille d'un Malvin de Montazet.

(2) 1° Généalogie de la famille de Chevalier dressée par Chérin ; 2° Arrêt de la Cour des aides et finances de Guienne constatant la noblesse de la famille de Chevalier ; 3° et 4° Liste des gentilshommes qui servaient dans les chevaux-légers avec Thimothée de Chevalier en 1768 et 1770.

(3) Marie de Bacalan était fille de Pierre de Bacalan, écuyer, seigneur de Lorée, et de Judith Eléonore de Ségur. Annonçons deux prochaines publications relatives aux maisons de Bacalan et de Ségur, l'une où M. le comte de Saint-Saud consacrera à cette dernière maison une monographie qui laissera bien loin derrière elle la notice du chevalier de Courcelles (*Histoire généalogique et héraldique des Pairs de France*) et qui, je ne crains pas de l'affirmer, sera définitive ; l'autre où M. Boisserie de Masmontet et celui qui écrit ces lignes donneront une ample série de pièces inédites pour servir à l'histoire des Bacalan.

(4) Il y avait eu déjà, en 1636, une alliance entre Laurent de Chevalier et Anne de Bacalan, et une autre alliance, en 1695, entre Samuel de Chevalier et Marie de Bacalan. Voir les documents généalogiques de l'*Appendice* (n⁰ˢ 1 et 11).

(5) Mademoiselle de Feytou appartenait à une vieille famille qui habitait la paroisse Notre-Dame de Gontaud. Les Feytou prenaient le titre de seigneurs de Talèze, nom que porte encore un domaine situé dans la commune de Gontaud.

(6) Il s'agissait là de Jean Leblanc de Solignac, qui figure ainsi dans un acte du 12 février 1762 faisant partie de mes collections : « Mʳ Leblanc Ecuyer sieur de Solignac, habitant de la maison noble des Aignellars, parroisse de Befferry, juridiction de Saint-Barthelemy. » La terre des Agnelars appartenait à l'époque de la Révolution, à Jean Leblanc de Solignac dont les héritiers la vendirent, en 1853, à mon oncle et beau-père, feu Jean Urbain Delmas de Grammont.

(7) Messire André Gaston de Bacalan, écuyer, seigneur de Laubès.

(8) Dame Marguerite Leblanc de Solignac, veuve de M. de Villepreux. On trouve beaucoup de choses sur la famille de Villepreux dans les livres de raison de deux familles marmandaises auxquelles plusieurs fois elle fut alliée, la famille Fontainemarie et la famille Boisvert (Voir mes deux publications de 1889 et de 1893). Mᵐᵉ de Gorostarzu, née de Villepreux, a écrit une excellente généalogie de la vieille famille de Villepreux, et la publication de son manuscrit serait bien désirable.

(9) Le père de Timothée avait lui aussi abjuré un mois environ avant la révocation de l'Edit de Nantes, mais peut-être sa conversion, imposée par les circonstances, ne fut-elle, comme tant d'autres, ni sincère ni durable. Quoiqu'il en soit, voici l'acte d'abjuration tiré des registres conservés à la mairie de Saint-Pierre de Nogaret : « Je soussigné prêtre bachelier en théologie et curé de Saint-Pierre-Nogaret, ai donné la bénédiction de l'hérésie par le pouvoir que Monseigneur l'Évêque m'en a donné à noble Samuel de Chevalier d'Escage après avoir détesté ses erreurs et protesté sur les Saints Évangiles, au pieds de l'autel, qu'il voulait vivre et mourir dans la foi de l'Église Catholique, Apostolique et Romaine dont il a embrassé le symbole et ce en présence de Mʳˢ Denis de Ricaud, avocat, et François Ricaud, son frère, capitaine. Ont signé : D. de Ricaud, Bardy, curé de Saint-Pierre. »

(10) Mʳ Jules de Bourrousse de Laffore (*Etat de la noblesse et des vivants noblement de la Sénéchaussée d'Agenais en 1711,* livraison de novembre-décembre de la *Revue de l'Agenais,*

p. 460) mentionne le mariage de « Noble Arnaud Bernard Drême, seigneur du Gros, capitaine de cavalerie et brigadier des gardes du corps du Roi, habitant du bourg et paroisse de Birac » avec Marie Hélène, qui reçoit 10,000 livres de dot.

(11) M. de Laffore mentionne (*Ibid.*) le mariage de noble Pierre de Montalembert à une date quelque peu différente de celle que marque le livre de raison, c'est-à-dire le onze mai 1772, avec Marguerite de Chevalier. Il nous apprend que M. et M$^{me}$ de Montalembert habitaient la paroisse de Magnac, juridiction de Penne d'Agenais, et qu'en 1758 ils plaidaient devant le Sénéchal d'Agen, de concert avec M. et M$^{me}$ Drême, contre Timothée de Chevalier.

(12) Dans l'acte de mariage, rédigé par le curé de Saint-Pierre de Nogaret, il est ainsi désigné : « noble Pierre de Dordé, Écuyer, avocat en parlement, conseiller du Roi et juge de la juridiction de Montjoie, habitant de la paroisse de Saint-Pierre del Puch. »

(13) Ainsi désigné dans l'acte baptistaire : « Messire Arnaud Gaspar Grenier de Malardeau, chevalier, seigneur châtelain de Saint-Leger et autres lieux. » Dans une note du livre de raison de N. de Lidon, qui fut lui aussi possesseur du château de Saint-Léger, sont mentionnés Arnaud Gaspar et son père, Pierre Grenier, écuyer, sieur de Malardeau. (*Deux livres de raison de l'Agenais*, p. 32).

(14) Les archives du château d'Escage possèdent beaucoup d'actes anciens relatifs aux Dutil, seigneurs de Boudon. Jean de Chevalier fut l'héritier universel de son parrain « messire Jean Dutil, écuyer, seigneur de Boudon, Gervaisie et autres lieux, » dont le testament fut fait le 26 juin 1787 « au lieu de la Gervaisie, paroisse de Saint-Hilaire ».

(15) Jean de Chevalier émigra avec son cousin le Chevalier de Drême et mourut à Londres fort jeune encore.

(16) Marie Anne épousa M. Jean François Eugène de Gascq de Larroche, ancien capitaine de dragons, chevalier de la Légion d'honneur. Un de leurs descendants directs est actuellement membre du conseil général du département de la Gironde.

(17) Marguerite Célinie, qui épousa M. Pierre Hippolyte Campagne, lui donna trois enfants : 1º Marie Elisabeth, mariée à M. Jean Romain Pigousset, de Birac, dont la famille est ancienne à Marmande et y a joué un rôle considérable (voir *Notice historique sur la ville de Marmande*, 1872. pp. 96, 103, 104) ; 2º Marie Zulma, mariée à M. Jean Osmin Massias, notaire à Gontaud. dont le fils unique, époux de M$^{lle}$ de Labarre,

possède le château de Longueville ; 3º Jean François Eugène, marié le 16 septembre 1847 avec Thérèse Marie Antoinette Élise de l'Église de Lalande, fille de noble Pierre de L'Église de Lalande et de dame Charlotte Eugénie de Madaillan. Jean François Eugène, qui fut un homme de bien dans toute la force et la beauté du terme, a laissé quatre enfants dignes de lui, dignes de leur sainte mère : 1º Maurice, avocat, ancien sous-préfet ; 2º Daniel, l'habile et renommé statuaire ; 3º Marguerite, mariée à M. Joseph de Vivie, ancien magistrat ; 4º Hélène, mariée à M. de Lajugie.

(18) Il mourut à Bordeaux. Il avait assisté, en 1789, à l'assemblée de la noblesse d'Agenais pour l'élection des représentants de cette noblesse aux Etats généraux.

(19) M<sup>lle</sup> des Masures de Rauzan avait été mariée en premières noces avec « messire Pierre Louis de Segla, baron, seigneur de Monbardon. »

(20) Ce vœu fut exaucé. Clémentine de Chevalier, qui épousa, comme je l'ai déjà rappelé, un proche parent de mon père, M. de Du Choissy, et qui est morte dans un âge avancé, à Bouglon, où j'ai eu l'honneur et le plaisir d'être jadis son hôte, se distingua, toute sa vie, par sa charité et par sa piété. Il m'est doux d'ajouter que sa belle-fille, Marie Delmas de Grammont, qui est doublement ma cousine par la famille de son père et par la famille de son mari, continue ses bonnes œuvres et est l'héritière de toutes ses vertus.

(21) Bibliothèque Nationale, cabinet des titres, Chérin, volume 54, dossier 1137. *De Chevalier en Agenois*. Dressée en décembre 1767 sur titres communiqués par M. de Montgardé, major des chevaux-légers de la garde du Roy.

(22) La famille de Labernardie est représentée par M. Léo de Labernardie, dont le père a été pendant de longues années maire de la commune de Granges (canton de Prayssas, arrondissement d'Agen).

(23) Il avait fait inscrire ses armes à l'Armorial de 1796.

(24) Timothée de Chevalier était né le 29 mai 1703. Son parrain avait été Timothée de Solignac et sa marraine Marguerite de Solignac.

(25) Dans la juridiction de Gavauduu. Timothée était né le 5 avril 1705 et avait été baptisé le 7 du même mois. Il avait eu pour parrain messire Timothée de Bacalan, seigneur de Maisonneuve, la Roche-Marais, Mont-Bazillac, et pour marraine Elisabeth La Cassinade de Crouzilles.

(26) Jean de Chevalier fut capitaine de cent hommes d'armes, comme l'atteste un certificat des services rendus au Roy par

ledit noble Jean de Chevalier, certificat daté du 16 octobre 1582. Une lettre missive fut écrite par la reine Marie de Médicis audit sieur de Chevalier, le 11 novembre 1611.

(27) Habitants de la paroisse de Doulezon, juridiction de Pujols, en Bazadois.

(28) Ce document, dont j'avais pris copie pour feu mon ami M. Eugène Campagne, quand je classai, il y a plus de trente ans, les archives municipales de Gontaud, n'a pas été retrouvé aux dites archives. Je le reproduis d'après la copie qui en a été conservée au château d'Escage et qui est revêtue de cette attestation : « Pour copie conforme. Gontaud, le 28 janvier 1861. Le maire, Ph. Tamizey de Larroque ».

(29) Nom ajouté et d'une autre écriture.

SAINT-AMAND (CHER). — IMPRIMERIE DESTENAY BUSSIÈRE FRÈRES

www.ingramcontent.com/pod-product-compliance
Lightning Source LLC
Chambersburg PA
CBHW060604050426
42451CB00011B/2068